Florilège
Pour
Soprano Solo
Avec accompagnement de
Piano et de Violoncelle

Arrt. : Colette Mourey

© 2019, Colette Mourey

Édition : BoD - Books on Demand, 12/14 rond-point des Champs-Élysées, 75008 Paris, France

Impression : BoD - Books on Demand, Norderstedt, Allemagne

ISBN : 9782322128105

Dépôt légal : Janvier 2019

Florilège
Pour
Soprano Solo
Avec accompagnement de
Piano et de Violoncelle

Score and Parts

Arrt. : Colette Mourey

1

Ave Maria after Aria Johann Sebastian Bach

Score and Parts

Score and Parts

Ave Maria

after Aria
Johann Sebastian Bach
(1685-1750)
Arr.: Colette Mourey

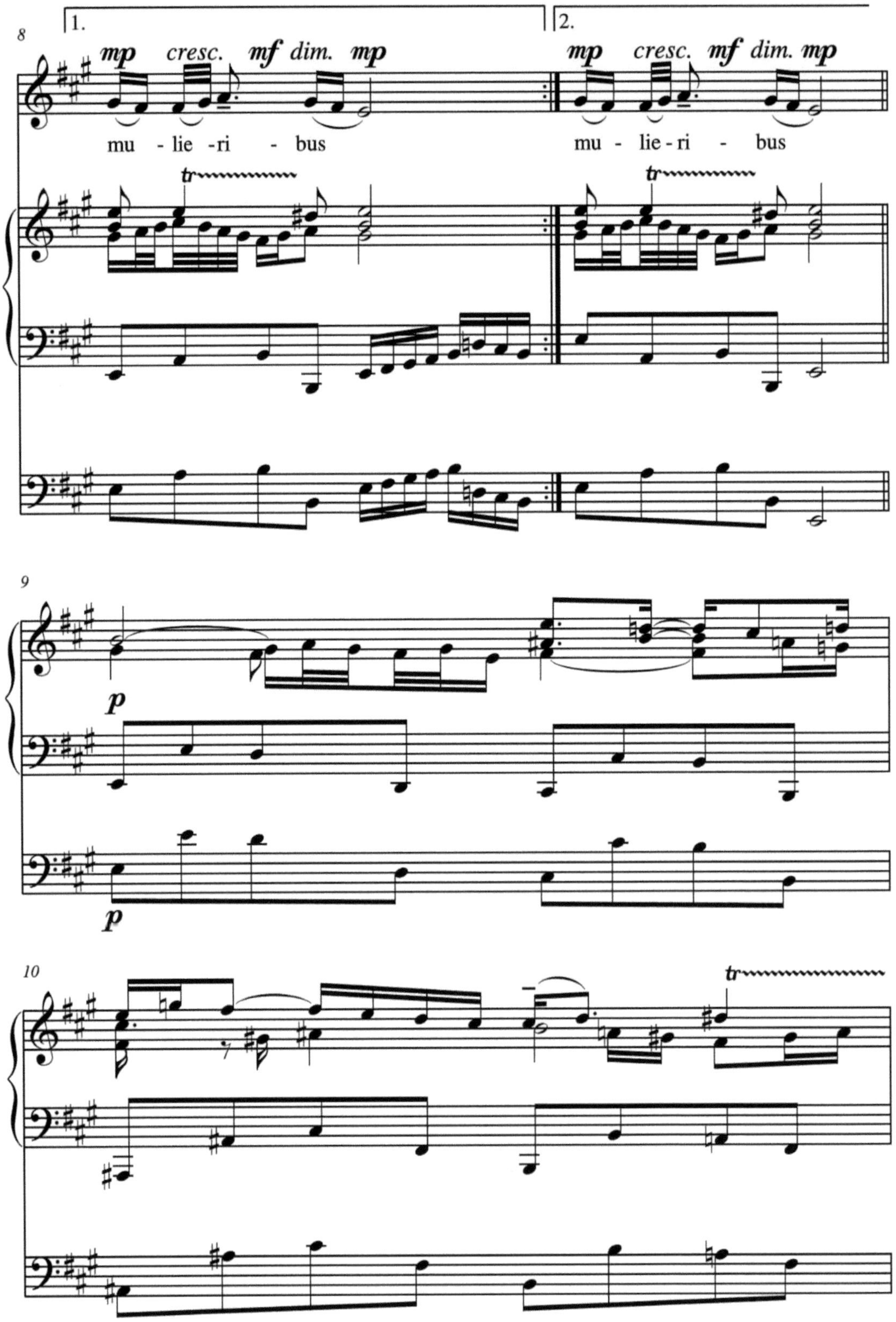
8
1.
2.
mp cresc. mf dim. mp
mu - lie -ri - bus
mp cresc. mf dim. mp
mu - lie - ri - bus
tr
tr
9
p
p
10
tr

Soprano

Ave Maria

after Aria
Johann Sebastian Bach
(1685-1750)
Arr.: Colette Mourey

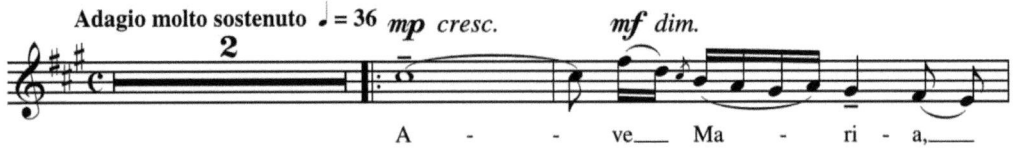

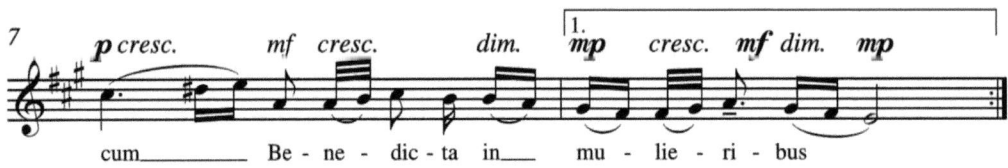
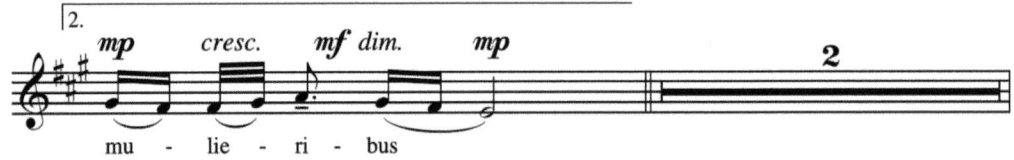

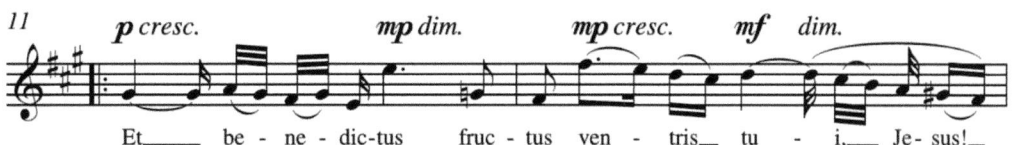

Violoncello

Ave Maria

after Aria
Johann Sebastian Bach
(1685-1750)
Arr.: Colette Mourey

2
Rêverie After Robert Schumann

Score and Parts

Score and Parts

Rêverie

after "Traumerei"
Robert Schumann
(1810–1856)

Arr. Texte et Musique :
Colette Mourey

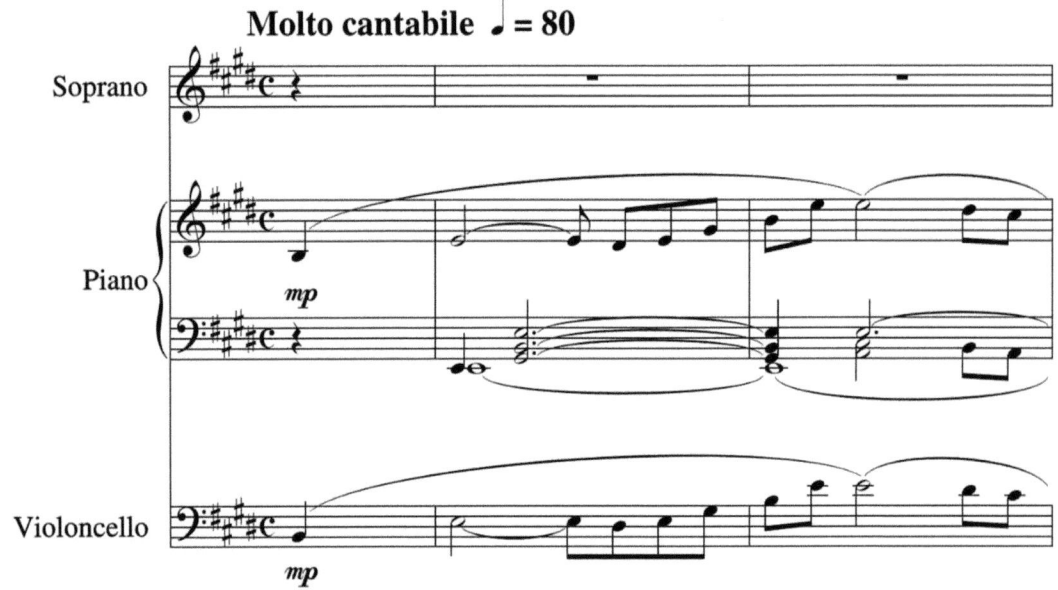

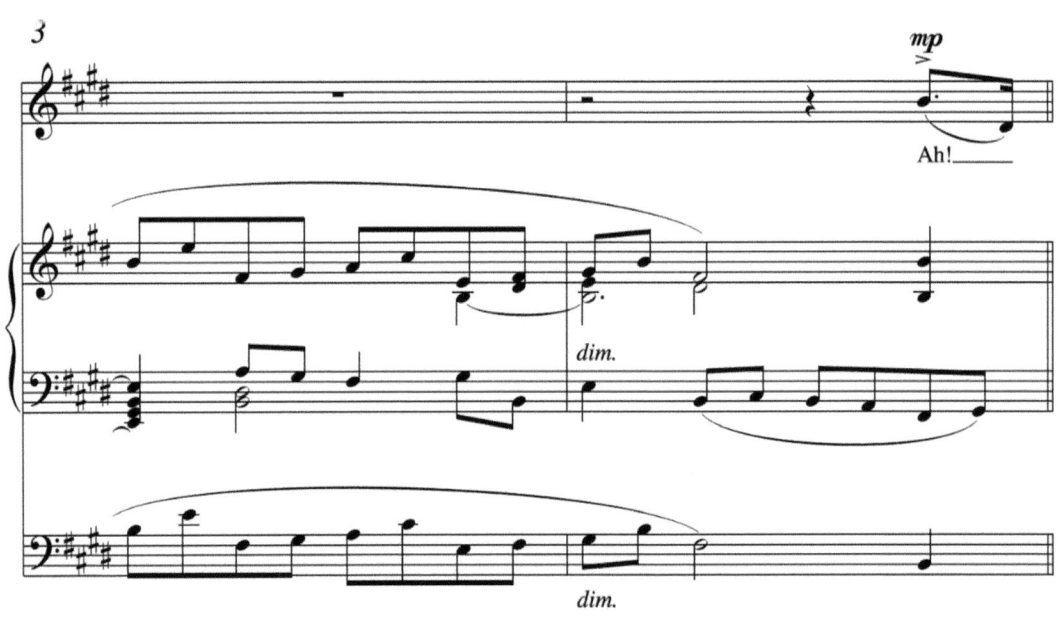

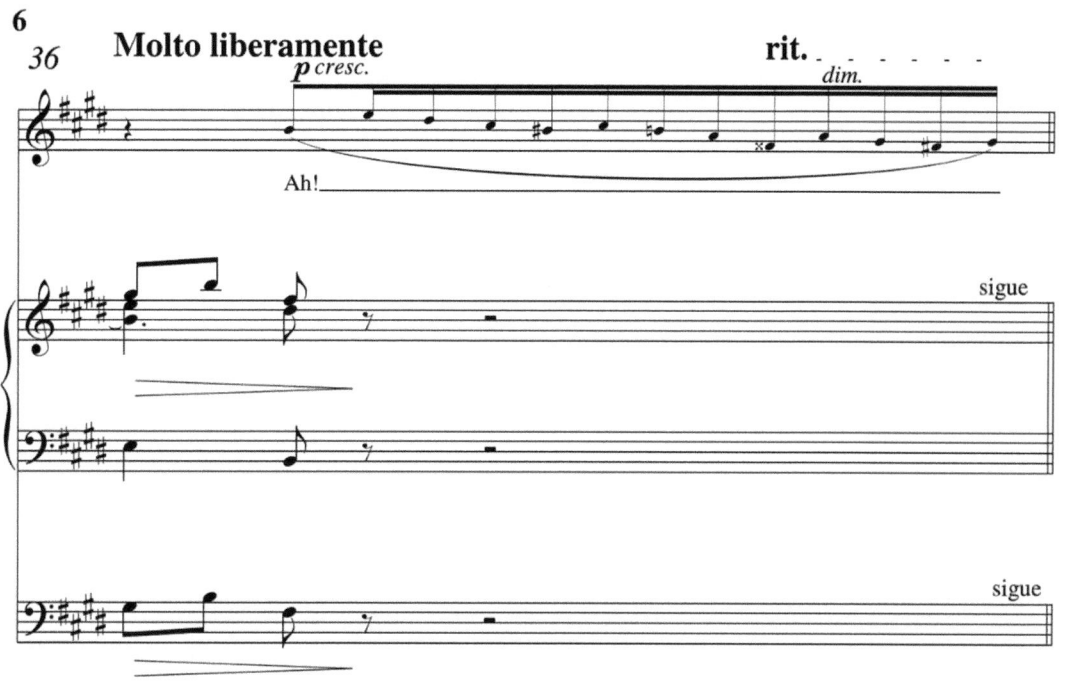
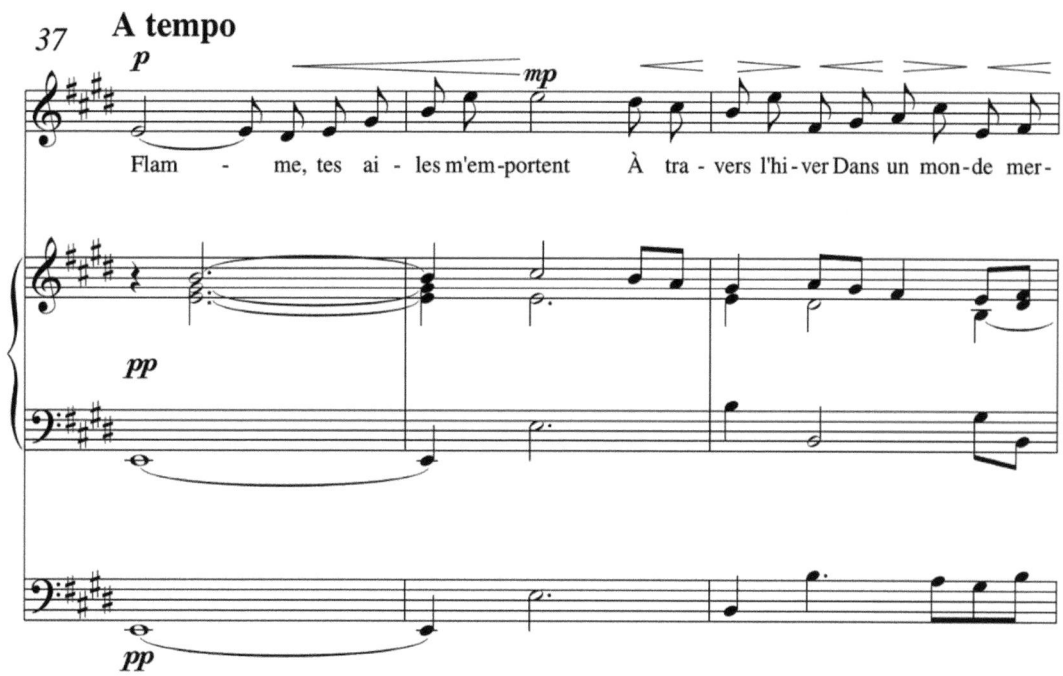

Soprano

Rêverie

after "Traumerei"
Robert Schumann
(1810-1856)

Arr. Texte et Musique :
Colette Mourey

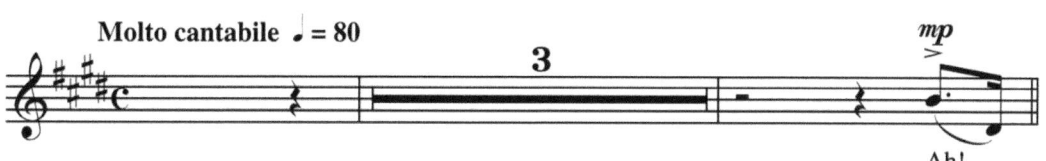

Flam - me, tu t'é - lè - ves, rou - geoy -

-an - te, De - puis l'â - tre jus - qu'au fir - ma - ment, Ah!

Feu___ tu vas con - so - lant tous mes tour - ments,

Puis - sant rê - ve/aux vo - tu - tes char - mantes!

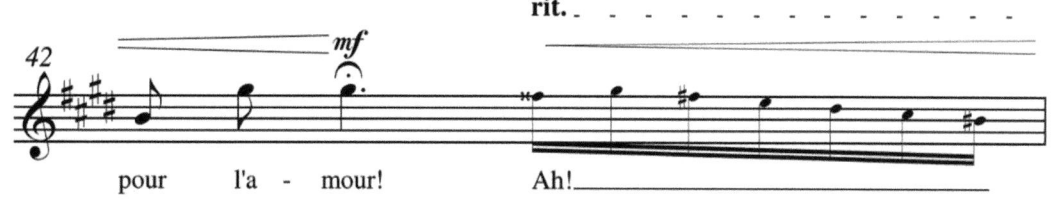

Violoncello

Rêverie

after "Traumerei"
Robert Schumann
(1810-1856)

Arr. Texte et Musique
Colette Mourey

3
Hymne Européen

Score and Parts

Score and Parts

"L'Europe est Unie Désormais"
"Hymne Européen"
Mélodie
Pour Soprano ou Ténor solo,
avec accompagnement
de piano et de violoncelle

Texte français, Composition et
Arrt.: **Colette Mourey**

Circa 4'

35

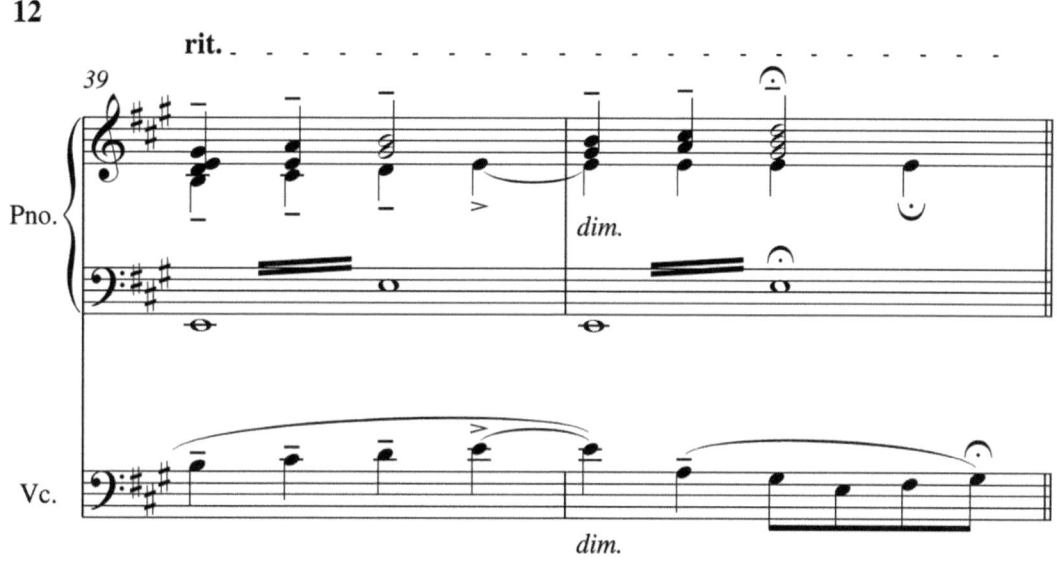

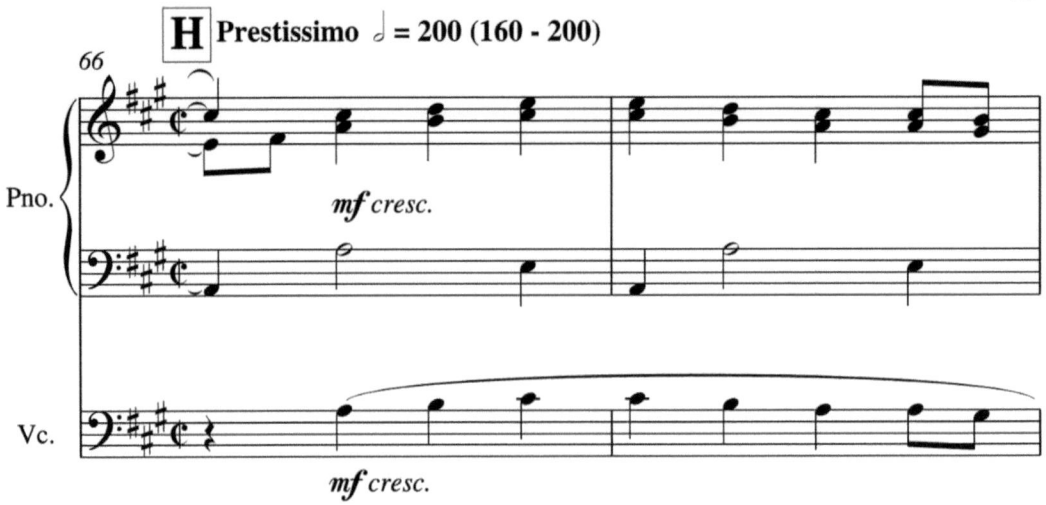

20

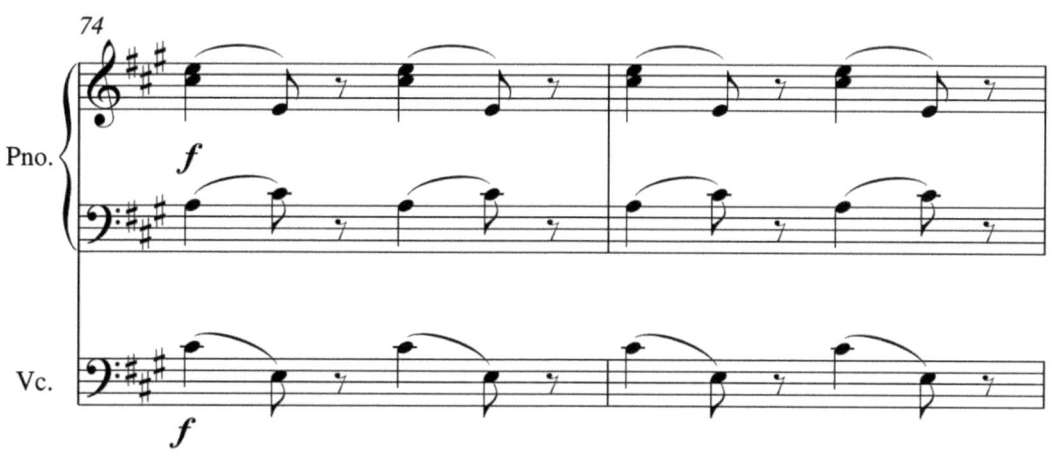

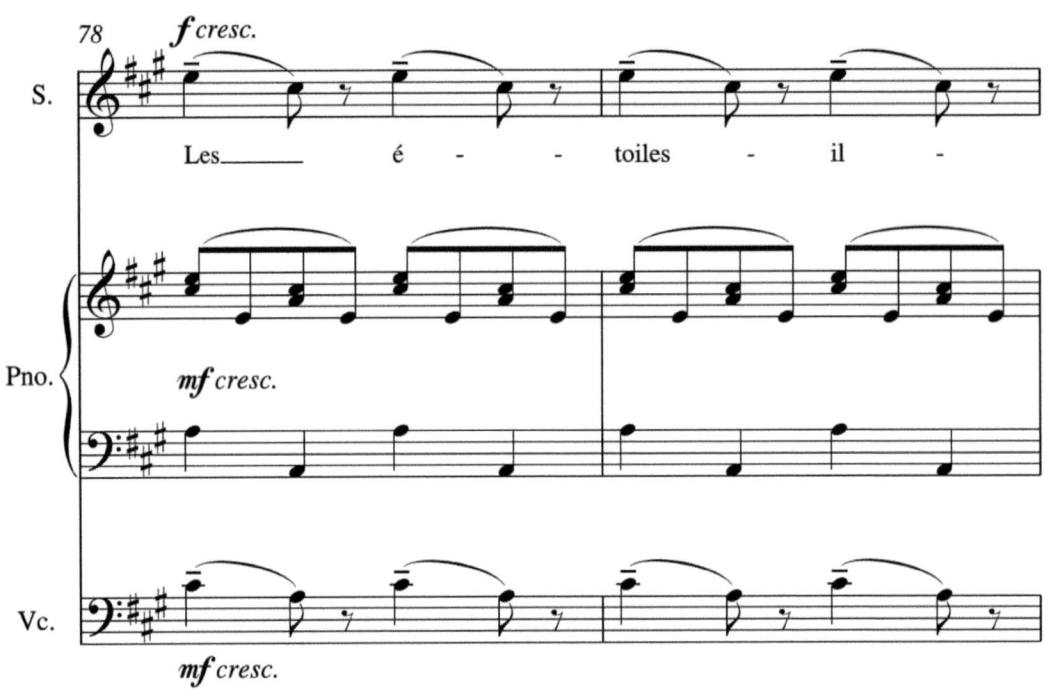

Soprano
Violoncello

"L'Europe est Unie Désormais"
"Hymne Européen"
Mélodie
*Pour Soprano ou Ténor solo,
avec accompagnement
de piano et de violoncelle*

Circa 4'

Texte français, Composition et
Arrt.: **Colette Mourey**

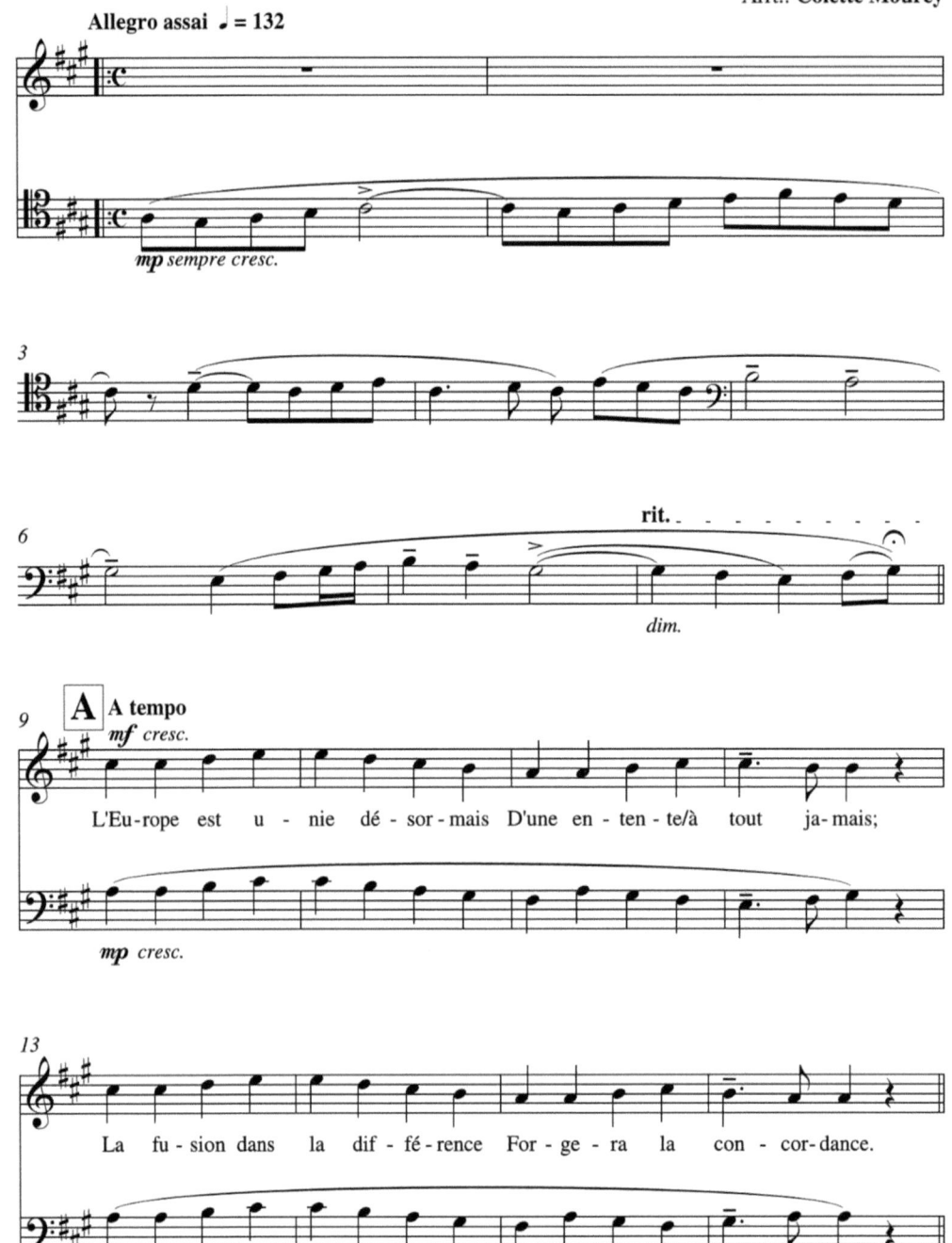

54

Soprano, Violoncello

Qu'en Eu - ro - pe soient é - dic - tés Es - poir, Jus - tice, Li - ber - té, Pour

ses peu - ples qui sont plu - riels Vas - te pa - trie est plus belle.

Tous, pour que l'Eu - ro - pe pros - pè - re Un grand oeu - vre vous es - père. Les

é - toi - les il - li - mi - tées Sont nos mar - ques d'U - ni - té.

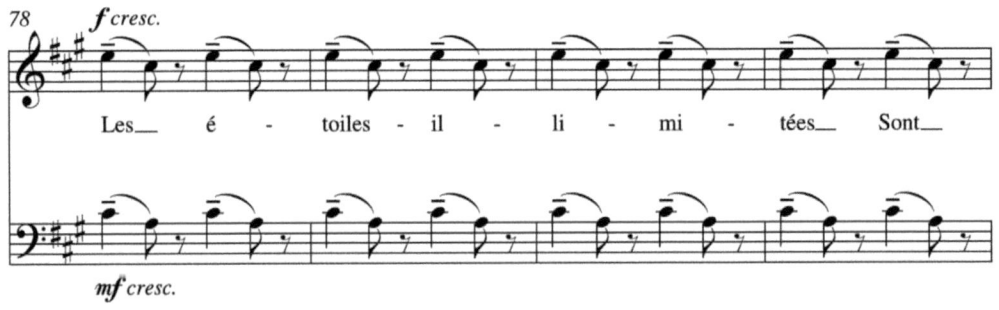

4

Summertime from Porgy and Bess After Georges Gerschwin

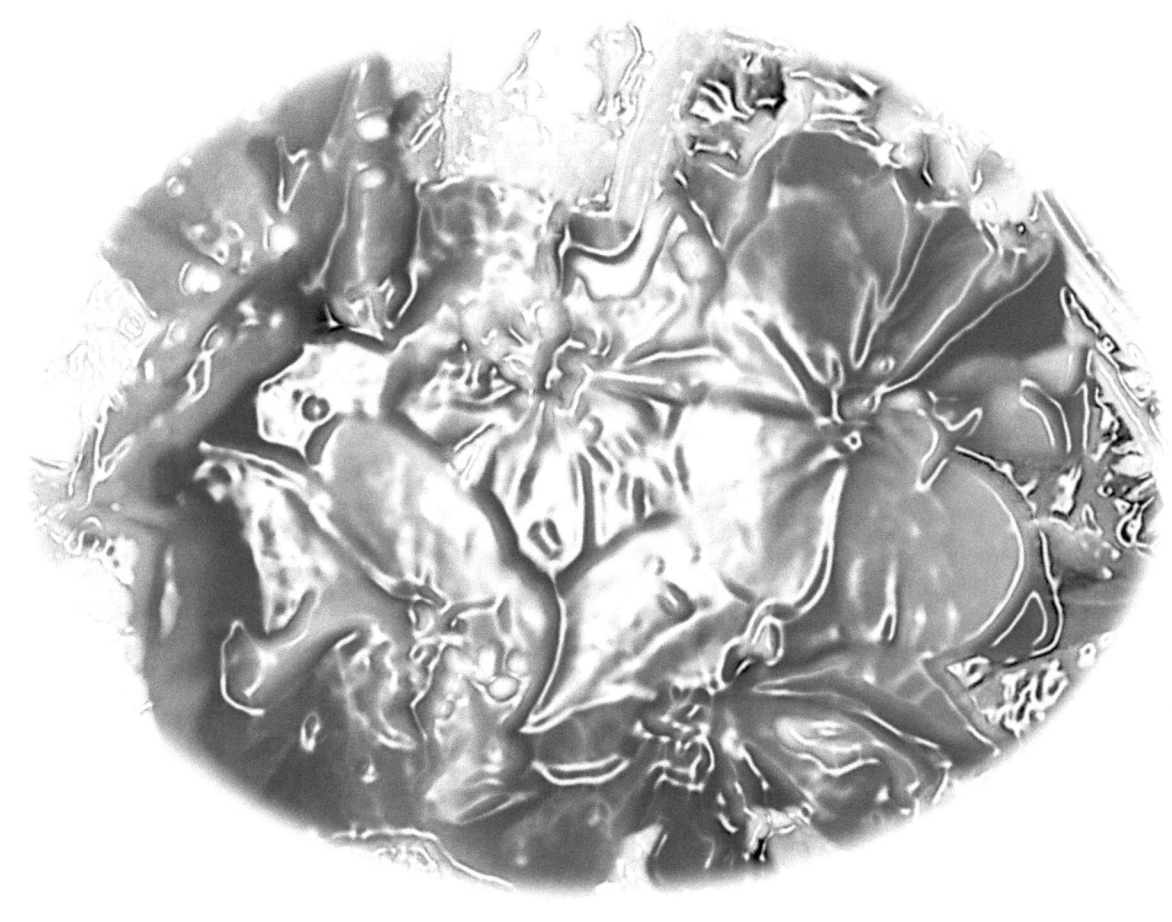

Score and Parts

Score and Parts

Summertime
from "Porgy and Bess"

George Gershwin
(1898-1937)
Arr.: Colette Mourey

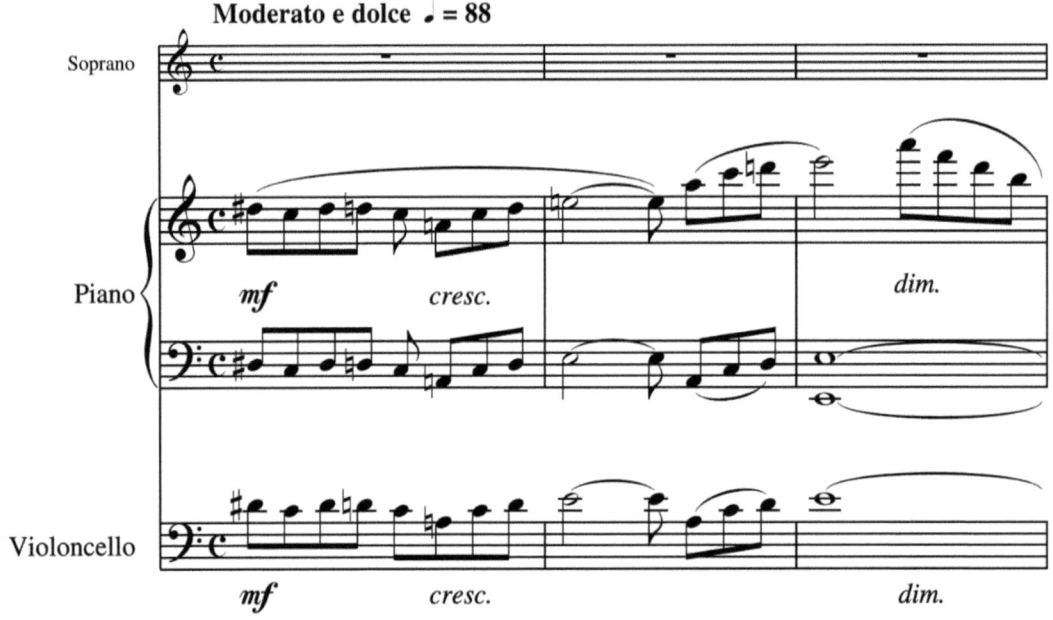

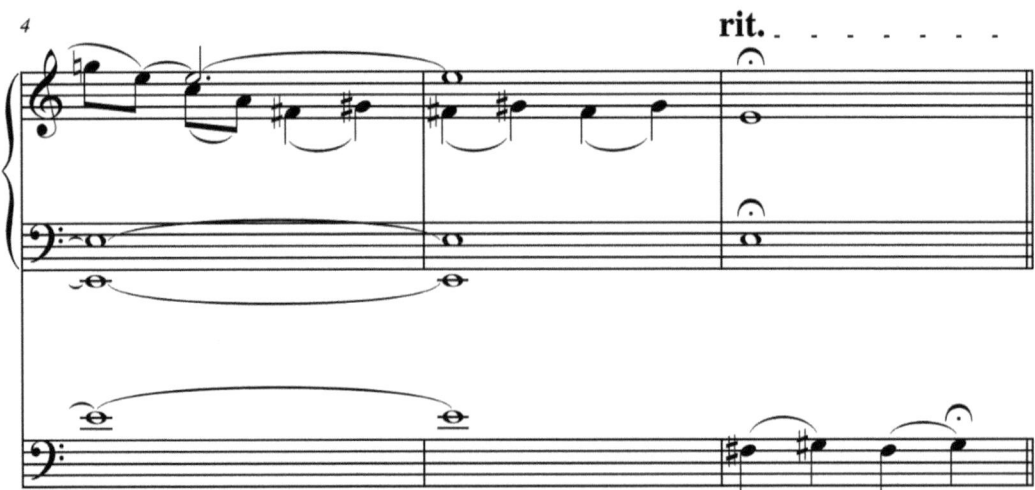

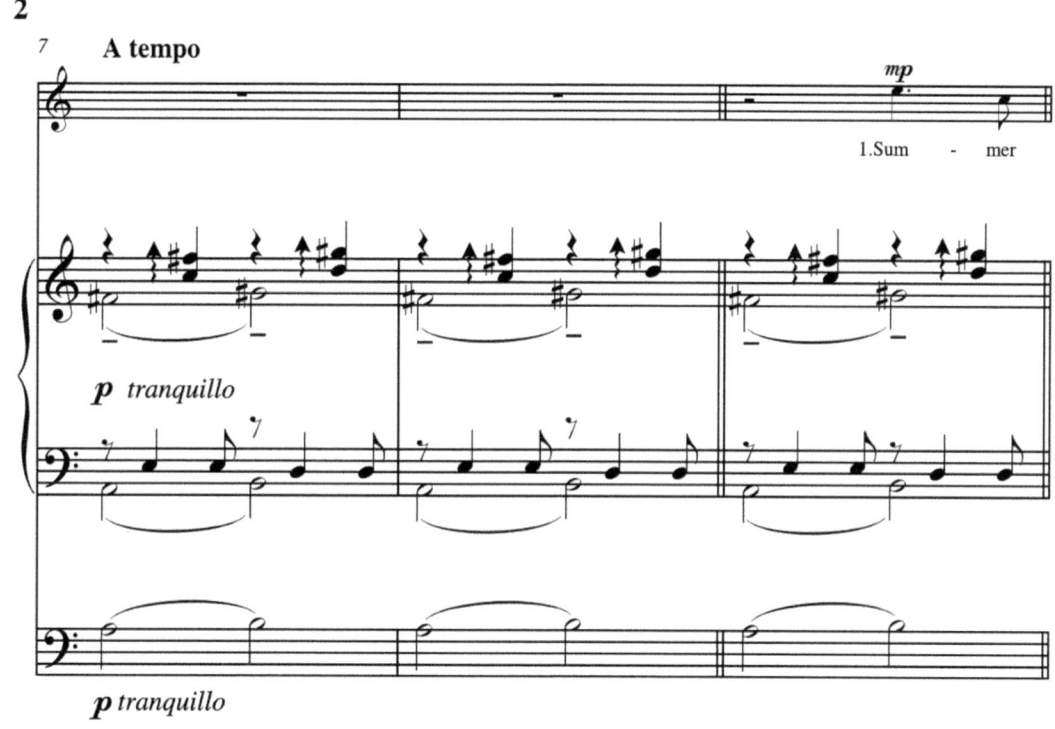

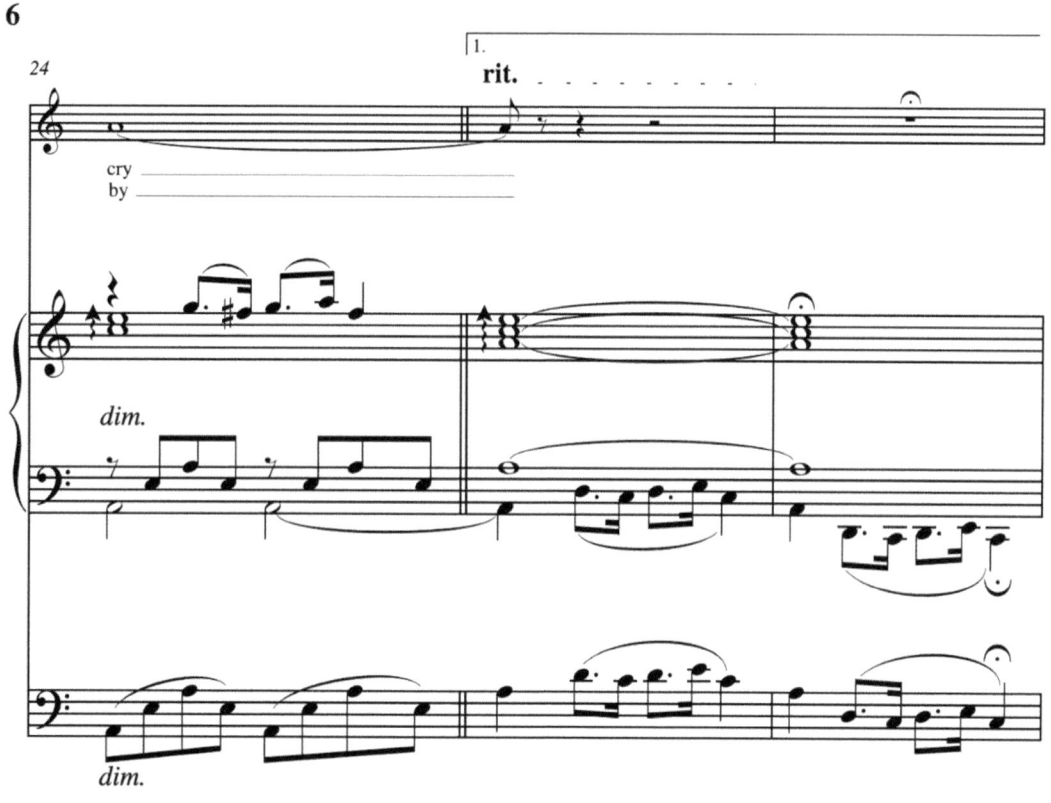

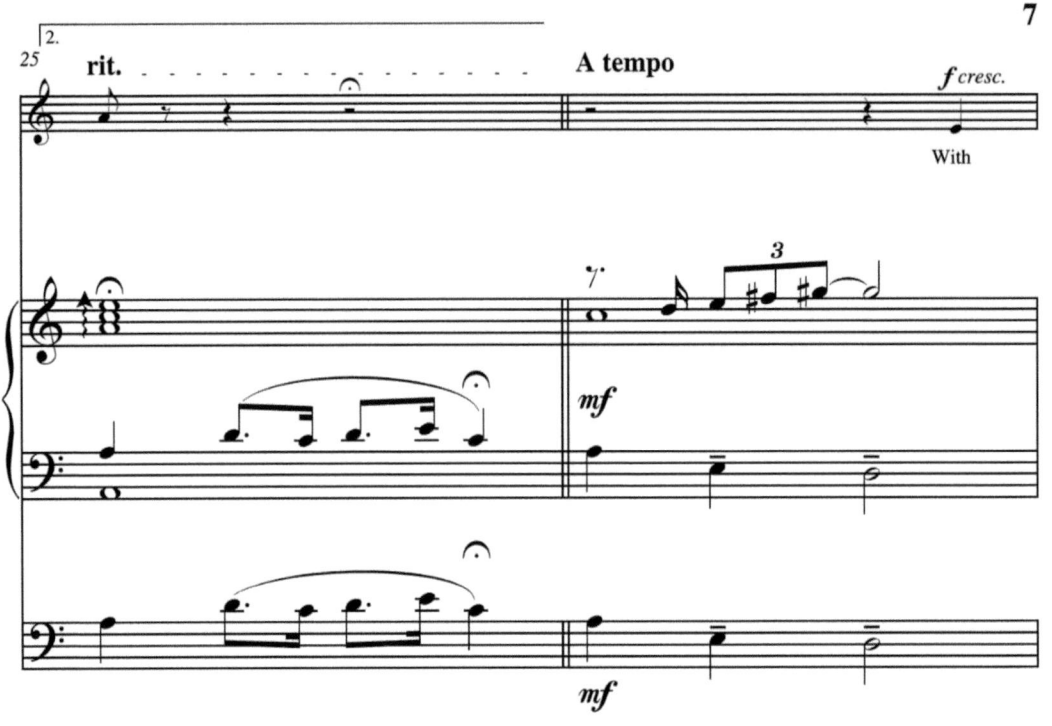

8

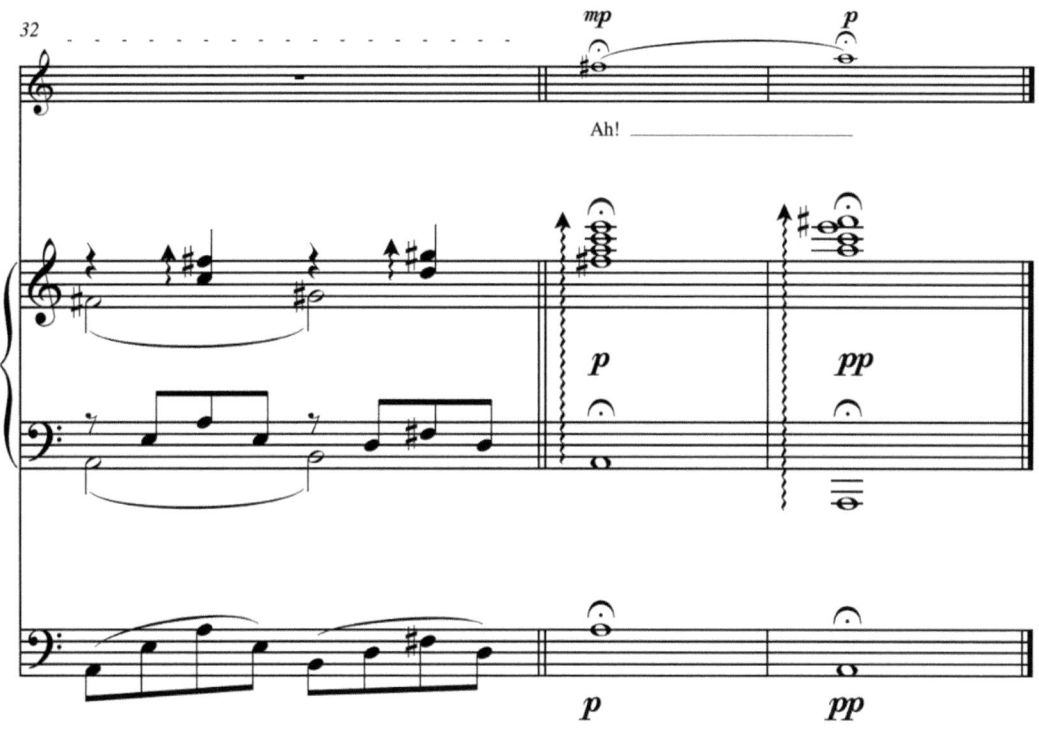

69

Soprano

Summertime
from "Porgy and Bess"

George Gershwin
(1898-1937)
Arr.: Colette Mourey

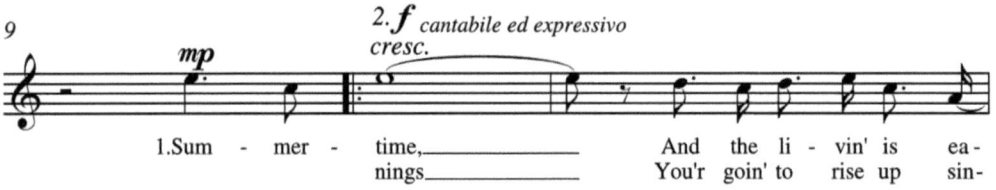

1. Sum - mer - time, And the li - vin' is ea-
   nings You'r goin' to rise up sin-

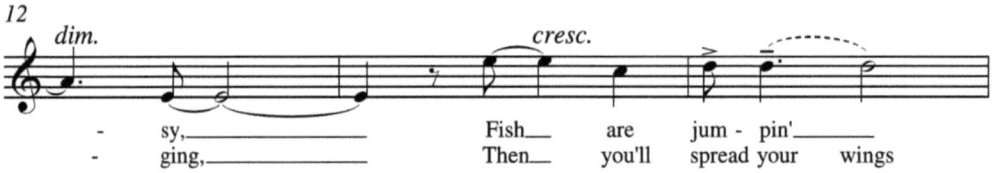

- sy, Fish are jum - pin'
- ging, Then you'll spread your wings

And the cot - ton is high oh, Your
And you'll take the sky But till

dad - dy's rich And your mam ma's good loo - kin'
that mor - ning there's a' no - thing can harm you

Soprano

So hush, lit - tle ba - by
With dad - dy and mam - ma

Don't you cry
stand - ing by

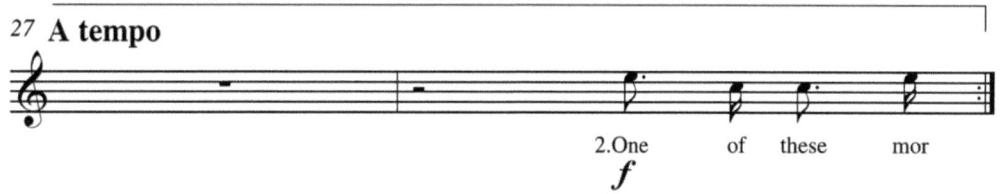
2.One of these mor

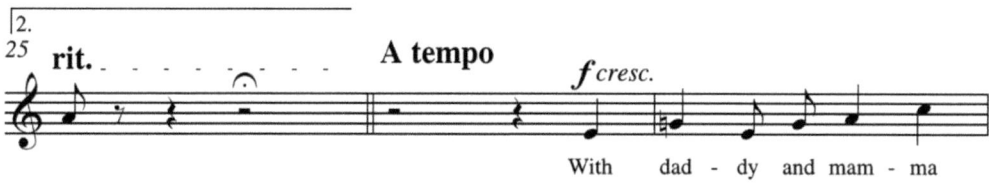
With dad - dy and mam - ma

stand - ing by.

Ah!

Piano

Summertime
from "Porgy and Bess"

George Gershwin
(1898-1937)
Arr.: Colette Mourey

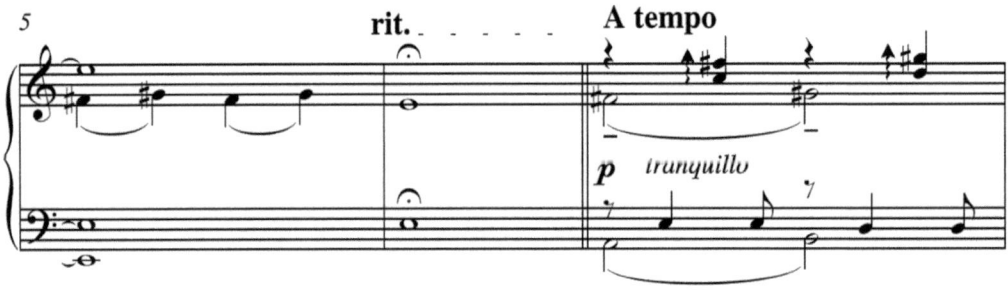

Violoncello

Summertime
from "Porgy and Bess"

George Gershwin
(1898-1937)
Arr.: Colette Mourey

Violoncello

Table des matières

1 5

Ave Maria after Aria Johann Sebastian Bach........... 5

2 19

Rêverie After Robert Schumann 19

3 33

Hymne Européen.. 33

4 61

Summertime from Porgy and Bess After Georges Gerschwin... 61